Martha Steinmeyer

Weihnachtliche Deko-Ideen mit Filz

CREATIV COMPACT

CHRISTOPHORUS

Inhalt

Es weihnachtet!

Wer genießt sie nicht, die Zeit vor Weihnachten? Winterliche Kälte und Dunkelheit lassen wir vor der Tür. Wir genießen die Wärme und die gemütliche vorweihnachtliche Atmosphäre im Haus. Und zu keiner Zeit im Jahr ist der Wunsch so groß, unser Zuhause liebevoll zu dekorieren: Kerzen auf dem Tisch verbreiten warmes Licht. Ein winterlicher Wald auf der Fensterbank und die Wintergirlande an der Tür lassen auch Spaziergänger am vorweihnachtlichen Ambiente teilhaben. Und festliche Tischdekorationen in Winterfarben laden ebenso zum Augen- wie zum Gaumenschmaus ein.

Dekorationen aus dem Trendmaterial Filz und anderen textilen Materialien sind nicht nur beim Hingucken ein Genuss, sondern auch beim Anfassen und Fühlen der weichen Oberflächen. Und nicht zuletzt sind die textilen Deko-Objekte so haltbar, dass wir uns noch viele zukünftige Weihnachtsfeste an ihnen erfreuen können.

Viel Spaß und Erfolg bei gemütlichen, vorweihnachtlichen Bastelabenden, vor allem aber ein wunderschönes Weihnachtsfest wünscht Ihnen Ihre

Material & Technik

Filz

Dünnen Filz, etwa 1 mm stark, gibt es als fertigen Zuschnitt im DIN-A4-Format oder als Meterware. Er eignet sich zum Nähen und zum Basteln, kann mit Nadel und Faden oder mit Klebstoff verbunden werden. Filz franst nicht aus, deshalb kann auf das Versäubern der Stoffränder verzichtet werden. Beim Kauf auf feste Qualität achten. Der 3,5 bis 4 mm starke Filz ist als Filzplatte in der Größe 30 cm x 45 cm in vielen schönen Farben erhältlich und verleiht den Modellen eine räumliche Dimension.

Volumenvlies

Es ist leicht zu verarbeiten und wirkt durchscheinend, zart und halbtransparent. Es kann geklebt und genäht und auch anstelle von Füllwatte verwendet werden.

Weitere Materialien

Fleece ist ein sehr weiches, kuscheliges Gewebe. Es kann auch ohne Versäubern der Stoffränder verarbeitet werden.

Baumwollstoffe werden in vielen verschiedenen Farben und Mustern angeboten. Die in diesem Band vorgestellten Arbeiten sind meist kleinformatig, deshalb beim Einkauf klein gemusterte Stoffe wählen. Baumwollstoffe erfordern Grundkenntnisse beim Nähen, können aber auch mit Haftvlies (siehe rechts) verarbeitet werden.

Hilfsmittel

Transparentpapier, Bleistift, Lineal, Schere, Alleskleber, Pappe, Pinsel, Cutter mit Schneideunterlage, Lochzange, Faden, Steck- und Nähnadeln gehören zur Grundausstattung. Bei der Verwendung von Draht ist eine Schmuckzange hilfreich.

Vorlagen übertragen

Transparentes Papier auf die Vorlage legen, die durchscheinenden Linien mit einem Bleistift nachzeichnen. Das Muster ausschneiden und mit Stecknadeln auf dem textilen Gewebe feststecken. Bei Filz oder Fleece kann direkt entlang der Vorlage ausgeschnitten werden.

Beim Basteln vieler gleicher Modelle empfiehlt sich das Herstellen einer Schablone aus Pappe. Dazu das Transparentpapier auf eine dünne Pappe kleben und das Motiv ausschneiden. Die Schablone auf der Rückseite des Stoffes feststecken und mit Bleistift oder Schneiderkreide umfahren.

Stoff verarbeiten

Beim Zuschneiden zweier identischer Teile aus Stoff den Stoff „rechts auf rechts“ legen, das heißt, „schöne“ Seite liegt auf „schöner“ Seite. Die Rückseite des Stoffes zeigt nach außen. Die Vorlage mit Stecknadeln befestigen, den Umriss mit Bleistift umfahren. Eine Nahtzugabe berücksichtigen, das heißt, denselben Umriss im Abstand von 1,5 cm noch einmal ziehen. Beim Zusammennähen zweier identischer Lagen die Naht nicht ganz schließen. Durch die offene Stelle die ganze Arbeit wieder auf die schöne Seite wenden. Vor dem Wenden an kurvigen Stellen kleine Einschnitte in die Nahtzugabe schneiden, nachher die Arbeit bügeln, mit Volumenvlies füllen, dann die Naht mit wenigen Stichen schließen.

Arbeiten mit Haftvlies

Mit doppelseitigem Haftvlies (Vliesofix) können Textilien ohne Nadel und Faden verbunden werden, ohne dass die Ränder ausfransen. Von Haftvlies und Stoff etwa gleich große Stücke abschneiden. Die raue Seite des Vlieses auf die Rückseite des Stoffes legen und mit dem Bügeleisen fixieren. Die gewünschte Form ausschneiden, dann die Schutzschicht der Klebefolie entfernen und auf den gewählten Stoff legen. Den Bügelvorgang wiederholen. Bei Volumenvlies ist diese Technik nicht anwendbar.

Nieten und Ösen

Nieten und Ösen gibt es in vielen Farben und Formen. Mit einem Werkzeugset, zu dem ein Loch- und ein Stanzeisen gehören, können sie einfach angebracht werden. Beim Kauf auf die passende Größe von Werkzeugset und Ösen achten! Mit Hammer und Stanzeisen ein Loch an der gewünschten Stelle ausstanzen. Die Öse oder Niete einsetzen. Auf der Rückseite das Einschlageisen gerade auf die Öse bzw. Niete aufsetzen und mit dem Hammer kräftig einschlagen.

Warme Handschuhe

Material

- Volumenvlies
- Haftvlies (Vliesofix)
- Filzplatten in Lila, Hell- und Dunkelblau, 4 mm dick
- Stoffreste mit kleinen Mustern in Türkis, Lila, Blau
- Knöpfe in Weiß, 1 cm Ø
- Knöpfe in Türkis, Lila, Blau, 1,7 cm Ø
- Kordel in Türkis, Lila, Blau, 0,3 cm Ø, ca. 60 cm lang
- Nadel, Faden

Vorlagen A1 – A5

1 Das Volumenvlies doppelt legen, Vorlage A1 mit Stecknadeln fixieren und den Fäustling ausschneiden.

2 Das Haftvlies auf die Stoffreste aufbügeln, dann Herzen, Schneeflocken oder Sterne ausschneiden und auf die Fäustlinge kleben. In die Mitte der Stoffsegmente einen Knopf annähen. Die beiden Lagen aus Volumenvlies mit ganz wenig Klebstoff verbinden.

3 Den Bund aus einer Filzplatte zuschneiden, zur Hälfte legen und mit Klebstoff am Fäustling festkleben. Vorher die Kordel zur Hälfte legen und zwischen die Lagen geben. Auf die mit Kreuzen bezeichneten Stellen weiße Knöpfe nähen. An beiden Kordelenden einen Knoten anbringen.

TIPP

Wer die Fäustlinge als Adventskalender oder als Behältnis für Nikolausgaben nutzen möchte, ersetzt das Volumenvlies durch Filz oder Stoff. Dabei die Lagen zusammennähen. Bei der Verwendung von Stoff Nahtzugabe nicht vergessen! Zahlen für den Adventskalender gibt es auf dem Vorlagebogen (A5).

Jutesäckchen

Material

Säckchen mit Stern

- Jute in Cremeweiß
- Stoff in Weiß-Braun, mittelgroßes Karo
- Stoff in Weiß-Braun, kleines Karo
- Haftvlies (Vliesofix)
- Filzsternchen in Cremeweiß
- Knöpfe in Bordeaux, 1,5 cm Ø
- Schrägband in Bordeaux
- Nadel, Faden

Säckchen mit Mittelstreifen

- Jute in Natur oder Baumwollstoff in Braun-Weiß, kleines Karo
- Stoffrest in Bordeaux
- Filz oder Fleece in Weiß
- Stickgarn in Weiß oder Braun
- Knöpfe in Holzoptik oder apfelförmige Knöpfe
- Schräg- oder Lederband in Bordeaux
- Nadel, Faden

Vorlagen B1 – B2

1 Nach der Vorlage B1 oder B2 den Schnitt für das Säckchen auf Papier übertragen. Den Stoff doppelt legen, die Vorlage oben an die Webkante anlegen, an den drei restlichen Seiten jeweils 1,5 cm Nahtzugabe dazugeben.

2 Für das Säckchen mit dem Stern die Quadrate nach Vorlage B1 aus den karierten Stoffen zuschneiden. Den Filzstern nach der Anleitung auf Seite 4/5 mit dem Haftvlies auf das kleine Quadrat, dieses auf das nächst größere Quadrat und schließlich auf ein zugeschnittenes Jute-Rechteck bügeln. Die Knöpfe aufnähen.

3 Für das Säckchen mit Mittelstreifen nach Vorlage B2 einen Streifen schneiden und nach der Anleitung auf Seite 4/5 mit dem Haftvlies auf ein Sackteil aufbügeln. Mit dem Stickgarn eine Ziernaht um den ganzen Streifen nähen. Die Knöpfe nach Vorlage B2 aufnähen.

4 Das Sackteil mit der verzierten Seite nach unten auf das zweite Sackteil legen. Das Säckchen an drei Seiten zusammennähen, dann die Innenseite nach außen wenden. Das Schrägband längs zur Hälfte bügeln und um das Säckchen binden oder den Sack mit einem Lederriemen verschließen.

Weihnachtsbäume

Material

- Baumwollstoffe mit kleinen Mustern
- Filzplatte in Rot
- Volumenvlies oder Füllwatte
- Draht in Schwarz, 0,8 mm Ø
- Verschiedene Knöpfe, z. B. in Herzform
- Äpfel

Vorlagen C1 – C2

1 Den Stoff nach Vorlage C1 oder C2 doppelt zuschneiden und bis auf 5 cm am unteren Rand zusammennähen, wie auf Seite 4/5 beschrieben. Dann wenden. Den Stern doppelt aus der roten Filzplatte arbeiten.

1 Ein Drahtende mit der Zange spiralförmig eindrehen. Das andere Ende durch die Spitze des Bäumchens ziehen. Das Bäumchen mit Vlies oder Watte füllen, die untere Naht mit wenigen Stichen schließen. Die Sterne über dem Bäumchen von beiden Seiten an den Draht kleben. Die Knöpfe annähen.

3 Den Apfelstiel entfernen, damit der Apfel einen guten Stand hat und den Draht im Apfel feststecken.

TIPP

Statt Knöpfe können Sie auch kleine Filzteile, wie Sterne und Herzen, annähen oder aufkleben.

Deko-Herzen

Material

- Filzplatten in Weiß, Bordeaux, 4 mm dick
- Baumwollstoff in Weiß-Rot, gestreift oder kariert
- Volumenvlies oder Füllwatte
- Stickgarn in Weiß, Rot
- Veloursband in Weiß, 0,3 cm breit
- Perlen in Weiß, Rot, Bordeaux, 1,5 cm Ø

Vorlage D

1 Nach Vorlage D ein Herz (Außenlinie) und einen herzförmigen Rahmen (in der Vorlage hellgrau) aus zwei verschiedenfarbigen Filzplatten fertigen. Ein Herz aus Baumwollstoff zuschneiden (mittlere Linie).

2 Vom Veloursband 55 cm abschneiden. Drei Perlen auf das Band ziehen und an die Enden des Bandes jeweils eine Perle binden.

3 Das weiß-rote Stoffherz am Herzrahmen festkleben. Bevor der herzförmige Rahmen mit Klebstoff auf dem großen Filzherz fixiert wird, Volumenvlies oder Füllwatte unter das Stoffherz legen.

4 Das Band zur Hälfte legen und so zwischen die Lagen geben, dass die aufgefädelten Perlen über dem Herz, die Bandenden unterhalb der Herzspitze platziert sind.

5 Mit Stickgarn am Rand des Herzrahmens entlangnähen, dabei das Band mit fixieren.

Kuschelsterne

Material

Anhänger, Serviettenring

- Filzplatten in Weiß, Lavendel, Grün, Blau
- Märchenwolle, Reste in verschiedenen Farben
- Garn in Silber

Tischlicht

- Filzplatten in Weiß, Lavendel, Blau
- Märchenwolle, Reste in verschiedenen Farben
- Teelicht mit Glasummantelung

Tischkarte

- Filzplatte in Weiß
- Märchenwolle, Reste in verschiedenen Farben
- Schaschlikstäbchen
- Perlen in Lavendel, 0,7 cm, 1 cm Ø
- Perlen in Weiß, Blau, 1,2 cm Ø
- Tonpapier in Weiß
- Filzstifte in Lila, Blau

Vorlagen E1 – E4

Für den ***Anhänger*** den großen Stern aus dunklem, den kleineren aus weißem Filz (Vorlage E1) arbeiten. Sehr wenig Märchenwolle zum feinen Gespinst auseinander ziehen, auf den weißen Stern legen und die Faserenden bis auf die Rückseite ziehen. Einige Lagen in verschiedenen Farben übereinander legen. Die Sterne aufeinander legen. Zwei Garnfäden, etwa 40 cm lang, abschneiden. Den ersten Faden jeweils über zwei Zacken hinweg rund um den Stern führen, bis ein Dreieck zu sehen ist. Die Enden verknoten und abschneiden. Den Arbeitsgang wiederholen, aber versetzt anfangen. Die Fadenenden zum Aufhängefaden zusammenknoten.

Für den ***Serviettenring*** einen weißen Filzstreifen zum Ring kleben (3,5 x 12 cm). Mit winzigen Mengen Märchenwollfasern verzieren. Silbergarn mehrere Male um den Ring winden und verknoten.

Für das ***Tischlicht*** nach Vorlage E2 den Stern aus dunklem Filz, den Sternenring in Weiß arbeiten und so verzieren, wie oben unter „Anhänger“ beschrieben. Den Sternenring auf den Stern kleben und das Teelicht einsetzen.

Für die ***Tischkarte*** das Schaschlikstäbchen mit Filzstift bemalen. Nach den Vorlagen E3 – E4 den Stern und das Namensschild herstellen. Das Stäbchen durch den Filzstern stechen, ober- und unterhalb des Sterns Perlen und das mit Stanzlöchern versehene Namensschild aufreihen.

Hannah

Winterwichtel

Material

Wichtel

- Baumwollstoffe mit weihnachtlichen Mustern
- Filzplatten in Weiß, Bordeaux, Grün, 4 mm dick
- Perlen in Bordeaux, Grün, 1,5 cm Ø
- Halbperlen in Schwarz, 4 mm Ø
- Mini-Pompon in Grün oder Perle in Bordeaux, 0,7 cm Ø
- Stickgarn in Weiß
- Buntstift in Rot
- Volumenvlies oder Füllwatte
- Aufhängefaden

Bäume (Titelbild)

- Filzplatten in Weiß, Hell- und Dunkelgrün, 4 mm dick
- Perlen in Weiß, Grün, 1,5 cm Ø
- Perlen in Hell- und Dunkelgrün, 0,4 cm Ø
- Stickgarn in Hell- und Dunkelgrün
- Veloursband in Weiß
- Öse in Weiß, 0,4 cm Ø

Vorlagen F1 – F5

Den Körper des ***Wichtels*** nach Vorlage F1 aus doppelt gelegtem Stoff ausschneiden, wie auf Seite 4/5 beschrieben. Aus Filzplatten Bart, Mützenkrempe, Stern oder Herz zuschneiden. Vom Buntstift mit der Schere einige Farbpartikel abschaben, mit dem Finger aufnehmen und als Gesichtsfarbe auf den Bart reiben. Den Mützenrand mit Kreuzstichen besticken, dann auf den Bart kleben. Augen und Nase anbringen und den Bart mit Klebstoff auf dem Körper fixieren. Eine Perle an die Mützenspitze nähen, eine zweite Perle und das Filzherz oder den Filzstern unten annähen. Den Aufhängefaden an der bezeichneten Stelle anbringen.

Für den ***Baum*** (Abbildung Titelbild) das Tannengrün und den Stamm nach Vorlage F4 oder F5 aus grünem, den Schnee doppelt aus weißem Filz arbeiten. Das Schneesegment durch das Aufnähen von Perlen oder Besticken mit Kreuzstichen verzieren. Vom Veloursband 25 cm abschneiden. Beide Enden durch eine Perle ziehen. Das Schneesegment auf das Bäumchen kleben, dabei die Enden des Veloursbandes zwischen die Lagen geben. Den Baumstamm Filzkante an Filzkante an das Bäumchen kleben. Oder an der unteren Kante eine Öse anbringen, ein 20 cm langes Veloursband durchziehen und an die Bandenden Perlen binden.

TIPP

Die Bäumchen können auch durch das Aufnähen von Knöpfen oder Aufkleben kleiner Filzteile verziert werden.

Weihnachtsgebäck

Material

Anhänger

- Filzplatten in Weiß, Hell- und Dunkelbraun, 4 mm dick
- Holzperlen in Beige, Hell- und Dunkelbraun, 0,3 cm Ø
- Holzperlen in Beige, Hell- und Dunkelbraun, 1,5 cm Ø
- Halbperle in Schwarz, 0,4 cm Ø
- Weihnachtsgewürze, wie Sternanis, Zimtstangen, getrocknete Zitronenscheiben
- Stickgarn in Weiß
- Nähnadel, Faden

Lichter-Kringel

- Filzplatten in Weiß, Hell- und Dunkelbraun, 4 mm dick
- Holzperlen in Beige, Hell- und Dunkelbraun, 0,3 cm Ø
- Nähnadel, Faden
- Teelicht mit Glasummantelung

Vorlagen G1 – G4

Für die ***Gebäck-Anhänger*** die Vorlagen G1 und G2 aus dunkelbraunem, das Pferdchen G3 aus hellbraunem Filz arbeiten. Den „Zuckerguss" aus weißem, beim Pferd aus dunkelbraunem Filz zuschneiden. Die kleinen Perlen aufnähen. Dabei mit der Nadel durch jede Perle einmal durchstechen und den Faden auf der Filzunterseite zur nächsten Perle führen. Die perlenbesetzten Segmente aufkleben. Beim Schaukelpferd einen schmalen weißen Filzstreifen zuschneiden, dabei für eine Seite eine Zackenschere verwenden. Den Streifen rund um den Sattel kleben. Das Auge fixieren. Als Halfter einen schmalen Filzstreifen befestigen. Beim Anbringen des Aufhängefadens Weihnachtsgewürze und die großen Perlen mit auffädeln.

Für die ***Lichter-Kringel*** zwei sternförmige Grundformen F4 (Außenlinie) aus braunem Filz zuschneiden. Bei einem der beiden Sterne eine Öffnung aus der Mitte schneiden. Den kleineren Sternenkringel aus weißem Filz zuschneiden und besticken, wie oben beschrieben. Die Lagen aufeinander kleben, zuerst den Stern ohne das Loch in der Mitte, dann den braunen Sternenkringel, darauf den bestickten weißen „Zuckerguss". Das glasummantelte Teelicht einsetzen.

Stern & Herz

Material

- Volumenvlies
- Aluminiumdraht, 0,2 cm Ø
- Sternförmige Nieten in Silber
- Perlen in Perlmutt oder Silber, 0,7 cm Ø
- Perlen in Transparent, 1 cm Ø
- Garn in Silber
- Schmuckzange

Vorlagen H1 – H2

1 Die Vorlage mit Stecknadeln auf dem Vlies befestigen und die Form ausschneiden. Das Volumenvlies an der Bruchlinie umfalten und mit drei sternförmigen Nieten fixieren (Anleitung auf Seite 4/5).

2 Vom Aludraht 50 cm abschneiden, den Draht in den entstandenen Tunnel schieben und die Enden nach oben biegen, wie es auf dem Foto zu sehen ist. Die beiden Drahtenden mit der Schmuckzange spiralförmig eindrehen.

3 Vom Silberfaden 50 cm abschneiden, zur Hälfte legen und so anbringen, wie es auf der Vorlage zu sehen ist.

4 Das Herz- oder Sternsegment jeweils doppelt ausschneiden. Beide Herzen beziehungsweise beide Sterne gegeneinander kleben, dabei die Garnfäden zwischen den Lagen fixieren.

5 Die Perlen an den Garnenden befestigen. Einen Aufhängefaden aus Silbergarn an der Drahtspirale anbringen.

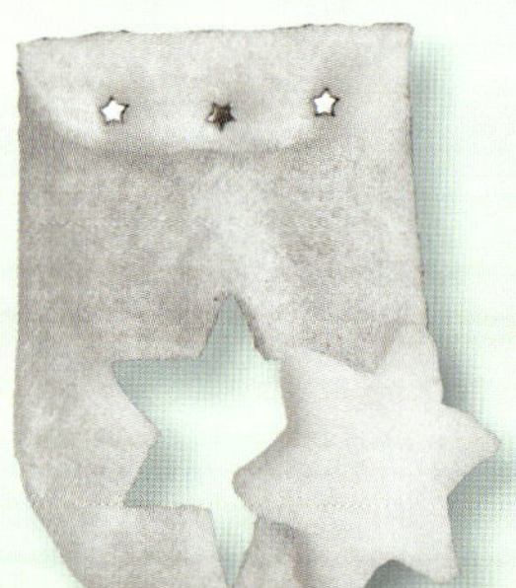

Schneemänner

Material

- Bilderrahmen, etwa 16 x 16 cm
- Filzplatten in Weiß, Hellblau
- Filzplatten- oder Fleecereste in Orange, Lila, Grün, Dunkelblau
- Stoffreste mit kleinen Mustern
- Volumenvlies
- Halbperlen in Schwarz, 0,3 mm Ø
- Knöpfe in Schwarz, 0,5 cm
- Perlen in Hellgrün, Lila, Blau, 0,3 cm Ø
- Perlgarn in Lila, Hellblau
- Mini-Pompons in Weiß, Grün
- Acrylfarbe in Weiß
- Buntstift oder Kreide in Orange
- Kleiner Ast
- Basteldraht in Schwarz, 0,8 mm Ø, 40 cm lang
- Reißzwecken

Vorlage J

1 Den Rahmen weiß bemalen und trocknen lassen.

2 Den Bildhintergrund aus der hellblauen Filzplatte schneiden und in den Rahmen einpassen. Schneemänner, Mützen und Nasen ebenfalls aus Filzplatten arbeiten. Schals aus den Stoffresten ausschneiden.

3 An den Rändern der Schneemänner mit kleinen Steppstichen eine Ziernaht anbringen, dann aufkleben. Schals und Pompons fixieren. Vom Buntstift oder der Kreide mit der Schere Farbpartikel abschaben und mit der Fingerkuppe als Wangenrot auftragen. Augen und Nasen aufkleben. Knöpfe, Perlen und den kleinen Ast annähen.

4 Ein wenig Volumenvlies zu feinem Gespinst auseinander ziehen und auf den oberen und unteren Bildrand geben.

5 Den Stieldraht in der Mitte knicken. Drei weiße Mini-Pompons auffädeln. Auf der Rückseite des Rahmens zwei Reißzwecken anbringen, die Enden des Stieldrahts daran befestigen.

TIPP

Wer das Bild in einen Rahmen anderen Formats einpassen möchte, kann die Bildgröße im Kopierladen ändern. In einem rechteckigen Rahmen setzt man einfach einen dritten Schneemann dazu.

Perlen-Sterne

Material

- Filzplatten in Weiß, Rot, 4 mm dick
- Märchenwolle in Weiß, Rot
- Silberdraht, 0,3 mm Ø
- Perlen in Transparent, Weiß, Silber, Rot, 0,2 bis 0,5 cm Ø
- Aufhängefaden in Rot
- Teelicht mit Glasummantelung

Vorlagen E1 – E2

1 Die beiden Sterne nach Vorlage E1 jeweils aus rotem und weißem Filz arbeiten. Ganz wenig Märchenwolle in der Hand zu einem feinen Gespinst auseinander ziehen, über den kleineren Stern legen und die Fasern bis auf die Rückseite des Sterns ziehen. Mehrere Lagen übereinander legen. Den verzierten Stern auf den größeren kleben.

2 Die Perlen in kleinen, unregelmäßigen Abständen auf den Draht fädeln. Einzelne Perlen durch zweifaches Durchziehen des Drahtes in ihrer Position fixieren. Den Draht zweimal um den Stern winden, die Enden verdrillen. Einen Aufhängefaden anbringen.

3 Für den Teelichthalter nach Vorlage E2 den Stern (äußere Linie) aus weißem Filz, den Sternenring in Rot arbeiten. Den Sternenring so verzieren, wie es oben unter Punkt 1 beschrieben ist, dann auf den Stern kleben. Das Teelicht einsetzen. Auch hier die Perlen auf Draht ziehen (siehe oben, Punkt 2). Den Draht zweimal um die Kerze winden, die Enden verdrillen.

Hüttenzauber

Material

Schals, Mützen

- Fleece in Weiß, Hellblau
- Stickgarn in Hell- und Dunkelblau
- Tonpapier in Weiß, Grün, Blau
- Motivstanzer „Schneekristall", 1,5 cm Ø
- Nadel, Faden

Winterleuchte

- Fleece in Weiß
- Tonpapier in Weiß, Grün, Blau
- Motivstanzer „Schneekristall", 1,5 cm Ø
- Marmeladenglas
- Teelicht oder Kerze

Vorlage K

Für den großen ***Schal*** aus Fleece ein 25 cm breites und 1 m langes Rechteck zuschneiden. Für den kleinen Schal genügen 3,5 cm x 40 cm. An den Schalenden Fransen einschneiden. Beim großen Schal an den Seitenrändern mit dunkelblauem Garn aus Steppstichen eine Ziernaht anbringen, den kleinen Schal um das Besteck winden.

Für die ***Mütze*** aus Fleece ein Rechteck mit den Maßen 12 x 18 cm zuschneiden. In die eine lange Seite etwa 2 cm lange Fransen einschneiden, die andere Seite mit Knopflochstichen verzieren, wie es unter Vorlage K zu sehen ist. Die schmalen Seiten hinten zur Mütze zusammennähen, den unteren Rand hochkrempeln. Die Mützenspitze unterhalb der Fransen mit Garn zusammenbinden. Mit dem Motivlocher Kristalle ausstanzen und auf die Krempe kleben. Die Mütze kann als Eierwärmer oder, mit Namen versehen, als Tischkarte verwendet werden.

Für die ***Winterleuchte*** aus Tonpapier Kristalle stanzen und auf das Glas kleben. Einen kleinen Schal aus Fleece anfertigen und um den oberen Rand winden. Teelicht oder Kerze einsetzen.

Peer

Rentier & Esel

Material

Rentier

- Filzplatten in Rot, Schwarz, 4 mm dick
- Baumwollstoff, Weiß-Braun kariert
- Wattevlies oder Füllwatte
- Biegeplüsch in Rot, Braun
- Perlen in Schwarz, 0,3 cm Ø
- Pompon in Braun, 1 cm Ø
- Schelle in Rot
- Stickgarn in Weiß
- Nähfaden in Weiß

Esel

- Filzplatte in Hellgrau, 4 mm dick
- Baumwollstoff in Rotweiß mit weihnachtlichem Dekor
- Wattevlies oder Füllwatte
- Biegeplüsch in Schwarz
- Perlen in Schwarz, 0,3 cm Ø
- Pompon in Rot, 0,7 cm Ø
- Stickgarn in Rot
- Nähfaden in Rot

Vorlagen L1 – L2

1 Für den Kopf jeweils eine Lage ohne und eine mit Ohren aus Filz schneiden. Die Hufe vierfach, den Eselschwanz einfach arbeiten und an der runden Seite einschneiden. Den Körper aus Stoff doppelt zuschneiden, Nahtzugabe von 1,5 cm nicht vergessen. Die Lagen bis auf 4 cm am unteren Rand zusammennähen. Das Ganze wenden und mit etwas Watte füllen.

2 Vom Biegeplüsch für jedes Bein 5 cm abschneiden und die Hufe ankleben. Die Naht am Körper mit wenigen Stichen schließen, dabei die Beine mit einnähen. Den Eselschwanz seitlich an den Körper nähen.

3 Auf das ohrlose Kopfstück die Perlen als Augen nähen und den Pompon als Nase ankleben. Für das Rentiergeweih 2 x 6 cm und 4 x 3,5 cm lange Stücke Biegeplüsch zuschneiden. Jeweils zwei kurze Abschnitte um ein langes Stück verdrillen, die Geweihenden zwischen die Ohren kleben.

4 Das Kopfteil mit Ohren von hinten, das Gesicht von vorne auf die Körperlagen kleben. Dabei etwas Watte zwischen die Lagen geben. Mit kleinen Stichen die beiden Lagen des Kopfes fest verbinden. Das Rentier bekommt eine kleine Schelle, der Esel einige Fransen in die Stirn.

Let it snow!

Material

- 6 Holzscheiben, 8 cm Ø
- Bastelfarben in Hell-, Mittelblau, Türkis
- Lackstifte in Weiß, Blau
- Filzplatte in Weiß, 4 mm dick
- Stickgarn in Hellgrün, Hell- und Dunkelblau
- Perlen in Weiß, Hellblau, Mittelblau, 1,5 cm Ø
- Pompons in Weiß, 1 cm Ø
- Holzbohrer, 0,2 cm Ø
- Silberdraht
- Nadel
- Aufhängefaden

Vorlagen M1 – M4

1 Nach Vorlage M1 in jede Holzscheibe zwei Löcher bohren. Jeweils zwei Holzscheiben mit derselben Farbe bemalen und trocknen lassen.

2 Buchstaben und Schneekristalle aus weißem Filz ausschneiden. Auf die Lettern und einige Kristalle mit Stickgarn Kreuzstiche aufnähen.

3 Mit Lackstiften Muster oder Umrandungen auf die Holzscheiben malen. Die Buchstaben aufkleben.

4 Beim Verbinden der Scheiben mit Silberdraht jeweils eine Perle einziehen. Am Anfang und Ende der Reihe Silberdraht zum Befestigen anbringen. Auch hier einige Perlen auffädeln.

5 Pompons und Schneekristalle auf Aufhängefäden unterschiedlicher Länge ziehen und zwischen den Holzscheiben befestigen.

TIPP

Die Holzscheiben können durch Kreise aus farbiger Wellpappe ersetzt werden.

WiNTER

Impressum

ISBN-13: 978-3-419-56816-3
ISBN-10: 3-419-56816-9

Textredaktion:
Ursula Brunn-Steiner, Vaihingen/Enz

Styling und Fotos:
Roland Krieg, Waldkirch

Covergestaltung und Layoutentwurf:
Network!, München

Coverrealisierung:
smp, Freiburg

Produktion:
digital-professional, Denzlingen

Druck:
Freiburger Graphische Betriebe

Verlag Herder GmbH
Christophorus-Verlag
Hermann-Herder-Str. 4
79104 Freiburg

Tel.: 0761/2717-0
Fax: 0761/2717-352

E-Mail:
info@christophorus-verlag.de
www.christophorus-verlag.de

Weitere Titel aus dieser Reihe

ISBN-13: 978-3-419-56719-7
ISBN-10: 3-419-56719-7

ISBN-13: 978-3-419-56728-9
ISBN-10: 3-419-56728-6

ISBN-13: 978-3-419-56718-0
ISBN-10: 3-419-56718-9

ISBN-13: 978-3-419-56725-8
ISBN-10: 3-419-56725-1

Kreativ-Service

Sie haben Fragen zu den Büchern und Materialien? Frau Erika Noll ist für Sie da und berät Sie rund um die Themen Basteln und kreatives Hobby. Rufen Sie an! Wir interessieren uns auch für Ihre eigenen Ideen und Anregungen. Schreiben Sie an Frau Noll oder direkt an den Verlag, wir hören gern von Ihnen! Per E-Mail: **mail@kreativ-service.info** oder Tel. **+49(0)71 50/30 27 77** | Mo. – Do.: 9.00 – 16.00 Uhr / Fr.: 9.00 – 13.00 Uhr